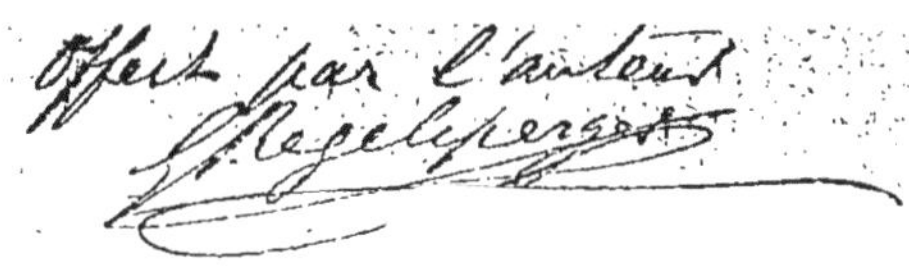

REVUE

DES

SCIENCES POLITIQUES

Publiée avec la collaboration des professeurs et des anciens élèves
de l'École libre des Sciences politiques.

PARAISSANT TOUS LES DEUX MOIS

TROISIÈME SÉRIE. — TRENTE ET UNIÈME ANNÉE

EXTRAIT

AFRIQUE OCCIDENTALE FRANÇAISE

PAR

Gustave REGELSPERGER

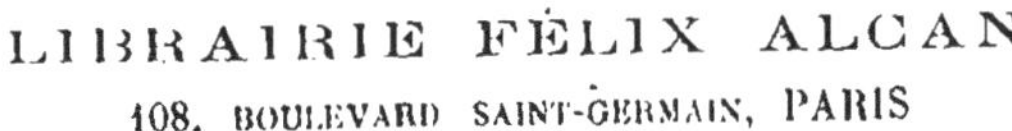

LIBRAIRIE FÉLIX ALCAN
108, BOULEVARD SAINT-GERMAIN, PARIS

NOS GRANDES COLONIES ET LA GUERRE

L'AFRIQUE OCCIDENTALE FRANÇAISE

L'Afrique Occidentale française a été surprise par les événements qui bouleversent aujourd'hui le monde, durant une brillante période de son évolution. Sa pacification pouvait être regardée comme achevée; son organisation administrative et financière avait été établie sur des bases solides; à la politique indigène avait été donnée une direction qui a abouti aux meilleurs résultats; les services de l'enseignement et de l'assistance médicale avaient reçu une plus large extension; l'outillage économique de la colonie était en voie de perfectionnement et d'heureuses mesures avaient été prises pour mieux assurer sa force productrice; le mouvement commercial suivait dans son ensemble une progression très marquée; enfin avait été créée une armée noire qui devait jouer pendant la guerre un rôle si utile et si glorieux[1].

C'est à la sagacité et au dévouement de ses administrateurs, et en premier lieu de ses gouverneurs généraux, MM. Roume et Ponty, que l'Afrique Occidentale française dut de pouvoir entrer dans une ère de prospérité assurée. M. Ernest Roume qui, après le Dr Ballay, occupa le haut poste du gouvernement général de 1902 à 1908, avait été un grand organisateur. M. William Ponty, qui lui succéda, maintint et développa son œuvre, en apportant dans ses fonctions,

---

1. Parmi les plus récents exposés de la situation de l'Afrique Occidentale française à la veille de la guerre, on peut citer notamment : Gouvernement général de l'Afrique Occidentale française. *Rapport d'ensemble annuel 1913*. (Paris, Émile Larose, 1916); *Annuaire du Gouvernement général de l'Afrique Occidentale française*, 1913-1914. (Paris, Émile Larose, 1914); Louis Sonolet, *L'Afrique Occidentale française* (Paris, Hachette, 1912); Charles Humbert, *L'Œuvre française aux Colonies*, p. 9-40 (Paris, E. Larose, 1913). — Voir aussi les Notices sur les colonies françaises publiées par l'Office colonial et dont les dernières parues sont : *Haut-Sénégal et Niger* (1914); *Le Sénégal* (1915); *La Guinée française* (1915).

comme un nouvel appoint de succès, des idées personnelles très nettes sur les questions coloniales qu'il allait avoir à résoudre et une connaissance profonde des pays et des peuples dépendant de son gouvernement; il mourut héroïquement à son poste, le 13 juin 1915, n'ayant pas voulu le laisser, malgré la gravité de son état de santé, et il avait rendu de signalés services au pays durant cette première période de guerre.

Cette situation favorable, dans laquelle se trouvait l'Afrique Occidentale française à la veille de la guerre, lui a justement permis de supporter, sans être atteinte dans ses forces vives, le choc qu'elle ne pouvait manquer de ressentir. M. Clozel, précédemment lieutenant-gouverneur du Haut-Sénégal-Niger, qui préside aux destinées de la colonie depuis la mort de M. Ponty, et qui était le mieux désigné pour continuer l'œuvre de ses prédécesseurs, a su, par sa vigilante administration, conserver à l'Afrique Occidentale un état général aussi satisfaisant que l'on pouvait le désirer.

C'est cet état de l'Afrique Occidentale française pendant deux années de guerre que nous essaierons d'exposer dans ses traits essentiels, en envisageant successivement la colonie au point de vue de la manière d'être de la population et de nos rapports avec elle, au point de vue administratif et financier, au point de vue de la vie économique. Tout en parlant de l'Afrique Occidentale française dans son ensemble, nous donnerons sur chaque colonie du groupe les quelques indications qui nous paraîtront les plus caractéristiques, ne pouvant entrer dans tout le détail de ce qui les concerne. Nous verrons que, pendant cette période qui a jeté tant de trouble dans le monde entier, non seulement l'Afrique Occidentale française a vécu, comme l'a si bien dit M. le gouverneur général Clozel[1], mais encore qu'elle a apporté à la mère patrie, avec un magnifique élan, un précieux concours à la fois militaire, financier et économique[2].

Mais, au préalable, une notion d'une portée générale doit être

---

1. Gouvernement général de l'Afrique Occidentale française. Commission permanente du Conseil de Gouvernement. Discours prononcé par M. Clozel, gouverneur général. Session ordinaire de novembre 1915 (Gorée, 1915).

2. La triple forme qu'a revêtue ce concours des colonies a été remarquablement mise en lumière par M. Albert Lebrun, député, ancien ministre des Colonies, dans la conférence faite par lui à Toulouse, le 24 juin 1916 : *L'effort colonial français*. Publication du Comité, « L'effort de la France et de ses alliés ». (Paris et Barcelone, Bloud et Gay, 1916.)

donnée. Qu'il s'agisse de diriger dans le sens qu'il convient une politique indigène, qu'il s'agisse de régler l'administration d'une colonie ou de la mettre en valeur, ce qu'il importe avant tout c'est de connaître à tous points de vue le pays à fond ainsi que les caractères de sa population. De très nombreux travaux ont été publiés sur l'Afrique Occidentale française et l'on en trouvera un précieux exposé dans une récente étude due à M. Georges Hardy, chef du Service de l'enseignement de l'Afrique Occidentale française[1]. Il convient de signaler que, dans le but de coordonner les efforts scientifiques tendant à étendre encore nos connaissances sur la colonie, M. le gouverneur général Clozel a, par un arrêté en date du 10 décembre 1915[2], créé un Comité d'études historiques et scientifiques en Afrique Occidentale française, qui ne peut manquer de donner les plus fructueux résultats et qui vient de .faire paraître son premier *Annuaire*[3].

En ce qui concerne spécialement la Côte d'Ivoire sur laquelle M. Clozel a écrit divers ouvrages, et notamment *Les Coutumes indigènes de la Côte d'Ivoire*[4], nous mentionnerons également que pour mettre à jour cette dernière étude, M. le lieutenant-gouverneur Angoulvant a. par une circulaire du 24 mai 1916[5], invité les administrateurs et chefs de poste de la colonie, à répondre à un questionnaire portant sur les caractères des populations habitant leur ressort et destiné à recueillir et à enregistrer leurs coutumes; son but n'a pas été tant de publier un ouvrage ethnographique d'intérêt scientifique, que de créer un manuel pratique devant servir à guider les fonctionnaires et les magistrats.

Pour le Haut-Sénégal-Niger, des études publiées sous la direction de M. Clozel, alors gouverneur de la colonie, ont fourni aussi de très utiles renseignements pour la bonne administration de la colonie et la politique à suivre à l'égard des indigènes, ainsi que pour

1. Georges Hardy, Le Bilan scientifique de l'Afrique Occidentale française (*L'Afrique française*, janvier-février 1916, *Renseignements coloniaux*, p. 3-26).
2. *Journal officiel de l'Afrique Occidentale française*, 18 décembre 1915, p. 817-819.
3. *Annuaire du Comité d'Études historiques et scientifiques de l'Afrique Occidentale française* (1916).
4. Clozel et Villamur, *Les Coutumes indigènes de la Côte d'Ivoire* (Paris, Challamel, 1902).
5. *Journal officiel de la Côte d'Ivoire*, 31 mai 1916, p. 195.

les mesures d'ordre économique à prendre. A M. Maurice Delafosse
avaient été confiées l'histoire et l'ethnographie ; à M. Jacques Méniaud,
la géographie économique[1].

Enfin, nous signalerons, parmi les mesures prises pour arriver à
une connaissance plus exacte du pays, la circulaire, en date du
19 juillet 1916[2], par laquelle M. Angoulvant, alors gouverneur
général par intérim, a invité les colonies et territoires du groupe,
y compris la zone française d'occupation du Togo, à faire dresser
une carte de leurs régions respectives, à l'échelle de 1/2,000,000ᵉ,
d'après des règles uniformes qu'il indique.

* *

M. le gouverneur général Ponty avait eu la bonne fortune de
pouvoir briser, avant la guerre, les dernières résistances des groupe-
ments rebelles qui existaient encore dans le ressort de son gouvernement. Dans la Mauritanie, une véritable campagne avait dû être
entreprise sous la conduite du colonel, aujourd'hui général Gou-
raud, pour pacifier l'Adrar, qui fut soumis en 1909. Dans la Côte
d'Ivoire, où le gouverneur général Ponty fut habilement secondé
par le lieutenant-gouverneur M. Angoulvant, l'agitation de tribus
belliqueuses et notamment celle des Abbeys, en 1910, avait été peu
à peu comprimée et la pacification obtenue grâce au désarmement
des indigènes. Sur divers autres points, dans la Haute-Sénégambie,
la Haute-Guinée, le Hodh, au Tibesti, le calme avait été rétabli.

La guerre ne ramena aucun désordre grave, pas plus parmi les
populations musulmanes que parmi les populations païennes. Dès
les premiers mois des hostilités, M. Clozel avait reçu l'adhésion
spontanée des principaux chefs musulmans, dont la fidélité à la
France avait été exprimée souvent en des termes touchants, et rien

1. Haut-Sénégal-Niger. *Série d'études publiées sous la direction de M. le gouverneur Clozel, 1ʳᵉ série. Le Pays, les Peuples, les Langues, l'Histoire, les Civilisa-
tions,* par Maurice Delafosse, administrateur en chef des colonies, chargé de
cours à l'École coloniale et à l'École des Langues orientales (Paris, Émile
Larose, 1912, 3 vol.). — 2ᵉ série. *Géographie économique,* par Jacques Méniaud,
chargé de missions, ancien secrétaire général par intérim du Haut-Sénégal-
Niger (1912, 2 vol.). — Une 3ᵉ série, *Le Territoire militaire du Niger,* par J. Brévié,
est en préparation.

2. *Journal officiel de l'A. O. F.,* 29 juillet 1916, p. 464-466.

ne put ébranler leur loyalisme. L'entrée en action de la Turquie et
la proclamation de la guerre sainte par le sultan de Constantinople
n'exercèrent aucune influence fâcheuse sur nos sujets musulmans.
Si quelques bandes sahariennes essayèrent de reprendre leurs habi-
tudes de pillage, ce fut plutôt par atavisme, et leurs tentatives
furent promptement comprimées. On peut dire que partout les
Musulmans donnèrent des preuves tangibles de leur attachement
en combattant bravement dans nos rangs et en contribuant avec
générosité aux œuvres de guerre. La seule région de l'Afrique Occidentale française où s'est dessiné un mouvement qui pouvait deve-
nir dangereux, mais qui a été entièrement arrêté, ce fut dans le
pays de la Haute-Volta, parmi les Markas et les Bobos de la boucle
du Niger, qui sont des populations païennes et sauvages.

Le plus haut témoignage de dévouement que nous aient donné les
populations de l'Afrique Occidentale française a été de participer
d'une façon effective à la guerre en nous fournissant une véritable
armée. L'organisation d'une armée noire était une institution
récente. Il y avait bien depuis le décret du 14 novembre 1904 des
tirailleurs de race noire dans l'Afrique Occidentale française, mais
ils n'étaient enrôlés que par voie d'engagement ou de réengagement.
On commençait à comprendre cependant quels services pourrait
rendre aux colonies et au besoin à la métropole, la création de
troupes indigènes constituant un solide élément de défense. Le lieu-
tenant-colonel, aujourd'hui général Mangin s'était fait l'un des plus
ardents propagateurs de cette grande idée, et le gouverneur général
Ponty a droit aujourd'hui à la reconnaissance du pays pour l'avoir
fait triompher et pour avoir su conduire le projet à sa réalisation
effective. C'est par le décret du 7 février 1912 que fut définitivement
organisée l'armée indigène; le recrutement se faisait désormais par
voie d'appel, mais des mesures étaient prises aussi pour faciliter
les engagements et pour retenir les soldats volontairement sous les
drapeaux le plus longtemps possible. Les conditions du recrutement
furent déterminées par les arrêtés du 25 octobre et du 12 décembre 1912
du gouverneur général Ponty. Cette nouvelle organisation nous don-
nait des hommes et nous assurait en même temps des réserves; elle
permettait de porter à 30,000 hommes l'effectif de nos tirailleurs
sénégalais, qui était déjà de 24,000 hommes environ.

Après avoir eu le très grand mérite de créer et d'organiser
l'armée noire, le gouverneur général Ponty eut lui-même à appliquer, en pleine guerre, les règles qu'il avait tracées et sa plus vive
préoccupation, jusqu'à l'heure de sa mort, fut de veiller au recrutement des soldats noirs. A ses obsèques, le général Pineau put dire
que 60,000 Noirs collaboraient actuellement à notre mission dans le
monde. Leur nombre a été encore augmenté ensuite. Le premier
recrutement avait été effectué en vertu du décret du 10 octobre 1914
qui avait permis d'obtenir un supplément d'environ 35,000 hommes;
il fut suivi de trois autres échelonnés jusqu'en mars 1916. Dans son
discours de novembre 1915, M. le gouverneur général Clozel annon-
çait que d'ici peu, l'Afrique Occidentale française allait avoir plus
de 120,000 hommes sous les armes.

Les contingents ont présenté des quotités très variables dans les
diverses colonies. C'est le Haut-Sénégal-Niger qui en a fourni numé-
riquement le plus, mais dans une faible proportion par rapport à la
population. C'est la Côte d'Ivoire qui, au contraire, en a donné le
chiffre le plus élevé, si nous le rapprochons de celui de sa population.
Le nombre de soldats procurés à la France par cette colonie a été,
depuis la guerre, de 15 à 16,000.

C'est la première levée qui a suscité le plus d'enthousiasme parmi
les indigènes et a amené le plus de volontaires, mais l'on comprend
que, malgré les bonnes dispositions manifestées dans l'ensemble par
les Noirs, ces recrutements successifs aient exigé, de la part des fonctionnaires qui les ont opérés, beaucoup de tact et de patience. Il a
fallu tenir compte de la densité de la population, très variable selon
les régions, puis de diverses considérations d'ordre politique et
économique; c'est ainsi qu'on dut demander moins d'hommes aux
tribus voisines des frontières qui pouvaient avoir tendance à
l'exode vers des colonies étrangères et laisser dans les contrées
productrices la main-d'œuvre nécessaire. Deux décrets furent rendus
dans le but d'accroître les engagements volontaires en parant à
quelques-uns des obstacles que l'on rencontrait. Le premier, en
date du 9 octobre 1915[1], accordait des allocations aux familles des
militaires indigènes. Le second, en date du 14 octobre 1915[2], attri-

1. *Journal officiel de l'A. O. F.*, 30 octobre 1915, p. 715.
2. *Ibid.*, 13 novembre 1915, p. 745-716.

bait des secours aux collectivités indigènes que l'enrôlement de volontaires privait d'une partie de leurs travailleurs agricoles.

Une autre mesure est venue compléter les dispositions relatives au recrutement des indigènes, c'est une loi du 19 octobre 1915[1], qui a astreint les originaires des communes de plein exercice du Sénégal au service militaire. Les habitants de ces quatre communes du Sénégal, Dakar, Saint-Louis, Rufisque et Gorée, quoiqu'ils fussent électeurs, ne payaient pas l'impôt du sang. Un décret du 26 avril 1915[2] leur avait bien ouvert l'engagement dans les tirailleurs sénégalais, mais la mesure était insuffisante. Ce fut le député du Sénégal, M. Blaise Diagne, qui demanda et obtint leur assujettissement au service militaire des Français. Un décret fut rendu le 28 octobre pour la mise en vigueur de cette loi. Une autre loi, en date du 29 septembre 1916[3], est allée plus loin; elle déclare que les natifs des communes de plein exercice du Sénégal et leurs descendants sont et demeurent des citoyens français soumis aux obligations militaires prévues par la loi du 19 octobre 1915.

Cette armée noire ainsi constituée s'est signalée par ses qualités d'endurance et de discipline, par son courage qui s'est élevé jusqu'à l'héroïsme. Elle a combattu au front occidental, aux Dardanelles, au Togo, au Cameroun. Ce sont nos troupes du Dahomey qui ont concouru à la conquête du Togo, achevée dès la fin d'août 1914. Les colonnes qui ont opéré dans le Cameroun comprenaient aussi beaucoup de tirailleurs fournis par l'Afrique Occidentale française.

En luttant pour la même cause, le lien s'est resserré entre les populations indigènes et la mère patrie. Les Musulmans, que l'Allemagne croyait si bien détacher de nous, ont témoigné de leur haine pour l'ennemi commun et de leur attachement pour la France en sacrifiant leur vie pour la cause de la justice, et l'on est pénétré d'admiration quand on lit notamment un discours qu'un vénérable iman a dernièrement prononcé sur la tombe de soldats musulmans morts des suites de leurs blessures[4]. Nous en extrayons cette phrase, que précèdent les plus patriotiques conseils : « Nous ne

1. *Journal officiel de l'A. O. F.*, 13 novembre 1915, p. 744-745.
2. *Ibid.*, 22 mai 1915, p. 389.
3. *Ibid.*, 21 octobre 1916, p. 675.
4. *La Dépêche coloniale*, 17 octobre 1916.

faisons qu'un avec nos frères français; nous combattons les mêmes
ennemis et le sang de nous tous en coulant s'est fusionné ensemble,
dans la défense du gouvernement français, lui qui nous a élevés si
dignement, nous a civilisés et nous a procuré les bienfaits de la paix
et de la tranquillité. »

En outre de son concours militaire, la population de l'Afrique
Occidentale française nous a donné aussi d'autres marques de son
affection par sa coopération aux diverses œuvres nationales. La sous-
cription pour les victimes de la guerre, a dit M. Clozel, a dépassé
1,100.000 francs; la « Journée du 75 » qui, faute de temps, n'a pu
être organisée qu'au Sénégal, a produit 56,000 francs; la « Journée
du 3 octobre », au profit des Orphelins de la guerre, du Secours
national et de l'Assistance aux tirailleurs, a atteint 710,465 francs.
De plus, on entretient à Paris deux hôpitaux avec les ressources
recueillies dans la colonie. Une somme de plus de 700,000 francs en
or avait déjà pu être expédiée en France, en novembre 1915. « Tout
ceci, disait alors M. Clozel, est particulièrement réconfortant si l'on
considère le très petit nombre d'Européens présents dans la colonie
et le peu de fortune mobilière des indigènes. » Citons, à titre
d'exemple, le montant de la participation de la Côte d'Ivoire aux
différentes œuvres de guerre; il a été de 608,311 francs.

Si la population de l'Afrique Occidentale française a montré un
tel attachement vis-à-vis de la France, on le doit certainement à
l'habile direction donnée à la politique indigène et dont la plus
grande part revient à l'heureuse initiative prise par M. le gouverneur
général Ponty. Ce ne fut une politique ni d'assimilation qu'il préco-
nisa, ni d'association, mais une politique qu'il qualifia de « politique d'apprivoisement » et dont il a remarquablement tracé les
traits essentiels dans son discours d'ouverture de la session du
Conseil de gouvernement de juin 1909 : « Des principes, indiscutés
aujourd'hui, indiquent clairement le sens dans lequel nous devons
chercher des progrès nouveaux : respect de l'indigène dans sa vie,
dans sa liberté, dans sa famille, dans ses biens, enfin dans ses coutumes et ses traditions, sans, pour cela l'abandonner à sa barbarie
native mais en nous efforçant, au contraire, de l'élever graduelle-
ment et sans à-coups, à une condition meilleure; étude attentive de
son état d'âme, de ses aspirations et de ses besoins; bienveillance

dans nos rapports avec lui; justice impartiale appropriée à son esprit. » C'est, comme l'a fort bien dit M. Louis Sonolet[1], à une politique de tutelle bienveillante qu'aboutit le système de M. Ponty. M. Clozel, son successeur, qui est également un partisan convaincu de cette même méthode, n'a pas cessé de l'appliquer et de la développer. Elle comporte la mise en œuvre de tout ce qui peut aider au relèvement physique et moral des peuples que l'on a à gouverner.

D'abord, il a fallu se préoccuper de sauvegarder et d'améliorer la santé des indigènes. A cet effet, M. Ponty avait multiplié les institutions sanitaires, hôpitaux, dispensaires, laboratoires bactériologiques, stations vaccinogènes. Un arrêté pris par lui le 30 décembre 1914[2] avait eu pour objet de prévenir et de combattre l'extension de la peste que pouvaient amener les mouvements incessants de troupes noires. Pendant son gouvernement fut rendu un décret en date du 13 mars 1915[3], autorisant l'ouverture des travaux d'aménagement de l'hôpital indigène de Dakar, à effectuer sur des fonds d'emprunt. M. Clozel a pris depuis, diverses mesures pour assurer son fonctionnement.

En second lieu, il importait d'améliorer et de développer l'enseignement des indigènes. M. Ponty s'y était particulièrement appliqué et on lui doit un ensemble de réformes fort importantes[4]. Il perfectionna le recrutement des maîtres, il donna un rôle plus important aux fonctions des inspecteurs des écoles, il établit des programmes nouveaux dans lesquels il sut concilier, comme dans toute sa politique coloniale, les deux principes qui semblent à première vue opposés, de l'adaptation régionale et de l'unification. La cohésion nécessaire dans la méthode et les efforts, qui déjà était assurée par les tournées d'inspection, fut mieux garantie encore au moyen de la création, par un arrêté du 25 janvier 1913, d'un Conseil supérieur de l'enseignement primaire, et aussi par la fondation d'un *Bulletin de l'Enseignement de l'Afrique Occidentale française*, destiné à maintenir le contact entre les maîtres, qui a commencé à paraître en jan-

1. Louis Sonolet, *L'Afrique Occidentale française*, p. 20-30.
2. *Journal officiel de l'A. O. F.*, 16 janvier 1915, p. 49.
3. *Ibid.*, 10 avril 1915, p. 293-294.
4. L'Enseignement de l'Afrique Occidentale française dans les trois dernières années (*L'Afrique française*, juin-juillet 1915, *Renseignements coloniaux*, p. 112-117).

vier 1913 sous la direction de M. Georges Hardy, chef du service de l'enseignement. Il a été publié également des ouvrages scolaires adaptés aux nouveaux programmes et parmi eux, il convient de citer deux « livres du maître », qui se distinguent par d'exceptionnelles qualités et qu'il serait très désirable de voir répandre dans la métropole, ce sont la géographie et l'histoire de l'Afrique Occidentale française, l'une par M. Georges Hardy, l'autre par M. Léguillette, professeur à l'École normale de Gorée[1]. M. Clozel, qui attache, lui aussi, une très grande importance à la bonne réglementation de l'enseignement indigène, a fait paraître, à la date du 28 juillet 1915[2], une circulaire relative au remaniement des programmes des cours normaux servant à la formation des moniteurs, circulaire dans laquelle il s'inspire des mêmes principes que son prédécesseur.

L'enseignement professionnel a reçu également dans l'Afrique Occidentale française, un développement indispensable. L'école Pinet-Laprade a été réorganisée ainsi que celle des Pupilles mécaniciens, de façon à fournir à l'industrie, à la navigation, aux chemins de fer des auxiliaires mieux formés. L'enseignement de l'agriculture devait se donner dans toutes les écoles et toutes, en vertu d'un plan d'études du 1er mai 1914, devaient avoir un jardin scolaire, mais ces prescriptions n'avaient pas été observées partout. Voulant avec raison apporter à l'enseignement et à la vulgarisation agricoles une activité nouvelle, M. Angoulvant, alors gouverneur général par intérim de l'Afrique Occidentale française pendant une absence de M. Clozel, envoya à la date du 5 août 1916[3], des instructions formelles où il exigeait qu'à chaque école soit annexé un jardin scolaire et où il traçait des règles relatives à la formation des maîtres et aux encouragements à donner aux élèves ; désormais, toute école devenait nécessairement une école pratique d'agriculture, devant former des hommes utiles, prêts à travailler à la mise en valeur du pays. Puis, par un arrêté du 1er octobre 1916[4], M. Angoulvant a établi à

<hr>

1. *Géographie de l'Afrique Occidentale française*, par Georges Hardy et divers collaborateurs (octobre 1913); *Histoire de l'Afrique Occidentale française*, par André Léguillette (novembre 1913).
2. *Journal officiel de l'A. O. F.*, 8 août 1915, p. 541-546.
3. *Ibid.*, 12 août 1916, p. 493-496.
4. *Ibid.*, 7 octobre 1916, p. 639.

la station expérimentale de Hann une école pratique d'agriculture destinée à former des agents indigènes de culture.

Les progrès réalisés par l'enseignement professionnel indigèn e dans ses différentes branches viennent d'être mis en lumière par u ne exposition qui a été ouverte à Dakar, le 11 juillet 1916, dans le but de réunir des produits fabriqués dans des écoles de toutes sortes[1].

Ainsi compris, l'enseignement indigène répondait non seulemen t au programme d'une tutelle bienveillante, mais aussi aux besoins de la colonisation.

De plus en plus, la question de l'enseignement à donner aux indigènes intéresse l'avenir même de nos colonies d'Afrique. L'insuffisance de personnel européen, déjà sensible avant la guerre, risque de s'accentuer encore plus tard, et l'on se trouve amené à la nécessité de faire appel au concours de l'indigène pour certains services publics. Mais, pour mener à bien un pareil plan, il faut former celui-ci en sachant tenir compte de ses dispositions et de son caractère. C'est ce que permettront de réaliser des dispositions récentes, ayant pour objet la formation de cadres indigènes[2].

Déjà, par un arrêté en date du 11 mai 1916, M. le gouverneur général Clozel avait créé une école d'apprentissage administratif et commercial, dite École Faidherbe, administrée par le gouvernement général et destinée à former des écrivains-expéditionnaires, des secrétaires-dactylographes et des comptables pour l'administration et le commerce. Élargissant avec beaucoup de sagesse et de prévoyance le plan auquel répondait cette utile création, M. le gouverneur général par intérim Angoulvant a, par un arrêté en date du 1er octobre 1916[3], complété l'organisation de cette école et fait profiter de cette institution d'autres cadres indigènes, agents de culture, agents des Postes et Télégraphes, agents des Douanes, aides-médecins, surveillants de travaux publics. A leur sortie de cette école, les aides-médecins et les agents de culture compléteront leur instruction dans des établissements spéciaux créés par des arrêtés de même

---

1. *Journal officiel de l'A. O. F.*, 15 juillet 1916, p. 437-441.
2. Gouvernement général de l'Afrique occidentale française. *Textes relatifs à la formation et à la réorganisation des cadres indigènes en Afrique Occidentale française* (Gorée, 1916).
3. *Journal officiel de l'A. O. F.*, 7 octobre 1916, p. 637.

date[1], les premiers à l'École pratique de médecine, annexée à l'hôpital indigène de Dakar, les seconds à l'École pratique d'agriculture de Hann dont nous avons parlé. En même temps était réglée la situation des cadres locaux indigènes de la colonie[2]. On peut espérer que ces excellentes mesures permettront une utilisation très efficace des éléments indigènes.

Mais d'autres devoirs nous sont dictés encore aujourd'hui par le sentiment de la reconnaissance vis-à-vis des races qui nous ont fourni des combattants, et particulièrement vis-à-vis des musulmans. Ceux-ci nous sont demeurés attachés parce qu'ils sentent que du côté de la France et de ses alliés ils peuvent être assurés du respect de leurs croyances, de leur culte, de leurs traditions. Nous devons justifier cette confiance et pratiquer à leur égard une politique d'attachement qui soit de nature à fortifier davantage encore les liens qui les unissent à nous. C'est ce à quoi d'ailleurs on s'est constamment appliqué depuis la guerre. C'est dans cet esprit que le gouvernement a envoyé une mission officielle musulmane auprès du grand chérif de la Mecque, qui a libéré les Arabes de l'hégémonie politique et religieuse des Ottomans, afin de lui témoigner des sentiments de la France à son égard; de même a-t-on voulu, avec raison, procurer des facilités nouvelles aux Musulmans d'Afrique pour entreprendre le pèlerinage annuel. Il faut ajouter enfin qu'à la date du 28 avril 1916, M. le gouverneur général Clozel a créé un Comité consultatif des affaires musulmanes, composé des plus grands notables, marabouts et autres de la colonie, qui a pour mission de faire connaître son avis sur toutes les questions islamiques locales et sur le statut des sectateurs de Mahomet[3]. C'est en persévérant dans cette voie que la rénovation de l'Islam par le chérif de la Mecque, loin de causer un danger politique pour les Alliés, ne pourra que rapprocher d'eux leurs populations musulmanes.

Les mêmes sentiments et le même devoir de reconnaissance envers toutes les races indigènes qui ont si glorieusement contribué à la défense de la patrie commune rendront nécessaire, après la guerre, de remanier sur de nombreux points leur organisation administrative et sociale et, parmi ces problèmes qui se poseront, celui de la

1 et 2. *Journal officiel de l'A. O. F.*, 7 octobre 1916, p. 638-640, 643-646.
3. *Ibid.*, 29 avril 1916, p. 275.

justice indigène comptera parmi les plus importants. Nous tenons à signaler que déjà la question avait été étudiée avant la guerre et que M. E. Beurdeley[1], chef de bureau au ministère des Colonies, chargé en 1913-1914 d'une mission d'études à ce sujet en Afrique Occidentale française, a rapporté de très précis renseignements qui guideront d'une façon fort utile dans ces travaux de réorganisation.

*
* *

Le gouvernement général de l'Afrique Occidentale française comprend un groupement de sept colonies ou territoires constituant des circonscriptions administratives distinctes : les colonies du Sénégal, de la Guinée française, de la Côte d'Ivoire, du Dahomey, du Haut-Sénégal-Niger, le Territoire militaire du Niger, le Territoire civil de la Mauritanie. Chacune des colonies est administrée par un lieutenant-gouverneur. Le Territoire militaire du Niger a cessé, en vertu d'un décret du 7 septembre 1911 ayant effet du 1er janvier 1912, de faire partie de la colonie du Haut-Sénégal-Niger et forme, depuis ce jour, une subdivision administrative, placée sous les ordres d'un officier supérieur, commandant du Territoire, commissaire du gouvernement général de l'Afrique Occidentale française. Le Territoire civil de la Mauritanie est administré aussi par un commissaire.

Le gouverneur général, qui réside à Dakar, est le dépositaire des pouvoirs de la République dans nos possessions de l'Afrique Occidentale et seul il correspond avec le gouvernement. Il est assisté d'un Conseil de gouvernement qui donne son avis sur les questions qu'il lui soumet. Une Commission permanente de ce Conseil peut être appelée à donner au préalable son avis sur les questions à soumettre au Conseil et cet avis peut même, en cas d'urgence, remplacer celui du Conseil. C'est en Conseil de gouvernement que sont arrêtés le budget général et les budgets locaux des colonies et territoires.

M. le gouverneur général Ponty, partageant entièrement la manière de voir de son prédécesseur, M. Roume, évita, comme lui, de donner une trop grande prédominance aux services centraux, au détriment de l'autorité des lieutenants-gouverneurs et commissaires.

1. E. Beurdeley, *La Justice indigène en Afrique Occidentale française, Mission d'études 1913-1914* (*L'Afrique française*, mars 1916, *Rens. col.*, p. 45-57).

C'est dans ce but qu'il sollicita la suppression du secrétariat général de l'Afrique Occidentale française qui risquait de trop restreindre la liberté d'action des lieutenants-gouverneurs ; le décret du 22 juillet 1909, qui la prononça, institua en même temps auprès du gouverneur général une direction des finances et de la comptabilité. Comme d'autre part, un service des affaires civiles était créé, les fonctions du secrétaire général se trouvaient scindées. Les services d'inspection générale furent remaniés de façon à ce qu'ils ne puissent sortir de leur rôle de surveillance et de contrôle. On s'était donc inspiré dans le système administratif appliqué aux colonies du groupe d'un principe très juste de décentralisation ; l'institution du gouvernement général demeurait, comme l'a fort bien dit M. Charles Humbert, « ce qu'elle doit être : l'incarnation de l'intérêt collectif des colonies groupées, le moyen de dégager et d'appliquer à la transformation économique du pays les ressources surabondantes des divers territoires [1] ». L'administration de la colonie était solidement constituée et à même de faire face à toutes les difficultés que pouvaient amener les circonstances présentes. Par un décret du 17 juillet 1915, il a été stipulé que la Commission permanente du Conseil de gouvernement exercerait, en Afrique Occidentale, toutes les attributions conférées d'ordinaire à ce Conseil, dans l'organisation générale de la colonie.

Au point de vue financier, bien que les recettes de la colonie aient fatalement baissé depuis le début des hostilités, on peut dire que la situation a été beaucoup moins compromise qu'on aurait pu le craindre. Le montant des taxes et revenus, qui était de 61,800,000 francs en 1913, est descendu à 57,405,000 francs en 1914. Durant l'année 1915, entièrement affectée par l'état de guerre, il s'est maintenu au chiffre relativement élevé encore de 49,850,000 francs. Les dépenses ayant été réduites au minimum, l'insuffisance des revenus n'atteindra, une fois l'exercice 1915 apuré, qu'une somme de 5,300,000 francs environ.

Dans les dépenses qu'a faites l'Afrique Occidentale sont entrés pour une large part, malgré les difficultés intérieures qu'elle éprouvait, les frais résultant de l'aide militaire qu'elle apportait à la mère patrie. Depuis le début de la guerre jusqu'à la fin de 1915,

---

1. Charles Humbert, *L'Œuvre française aux colonies*, p. 18.

l'Afrique Occidentale a versé 5,860,000 francs, à titre de contribution aux dépenses militaires de l'État. Les diverses colonies du groupe sont venues en aide au budget général dans des proportions importantes, témoignant ainsi de leur solidarité et de leur bonne volonté. En particulier, le Haut-Sénégal-Niger a versé dans les caisses du gouvernement général la somme de 1,800,000 francs.

Les mesures exceptionnelles tendant au recrutement intensif des troupes noires appelaient néanmoins l'assistance financière de l'État et celui-ci a pris diverses dispositions à cet effet. C'est pour parer à ces charges qu'a été inscrit au budget de l'État en 1915, un crédit de 45,381,226 francs, dans lequel entrent un million pour remboursement des manquants budgétaires aux budgets locaux et au budget général, et 500,000 francs pour concourir aux dédommagements à payer aux collectivités indigènes.

C'est également pour apporter à notre grande colonie une aide rendue nécessaire par l'insuffisance des recettes de son budget et des budgets annexes de ses chemins de fer, qu'a été votée la loi du 17 janvier 1916[1], autorisant l'État à consentir des avances au budget général de l'Afrique Occidentale française à concurrence de 15,500,000 francs. Il est à noter que l'Afrique Occidentale a jusqu'ici comblé ses déficits sans toucher à ce crédit. Elle a recouru à des prélèvements sur ses caisses de réserve. Ces caisses ont encore un actif numéraire de 1,324,000 francs, outre les valeurs en portefeuille qui se montent au moins à 6,700,000 francs.

C'est surtout quant aux produits des douanes, que les recettes du budget général ont baissé dans la plus forte proportion, et comme ils constituent la part la plus importante de ces recettes, il en résultait pour la colonie une perte très notable. Tandis qu'ils avaient été du 1er octobre 1913 au 1er avril 1914 de 12,942,497 francs, ils n'étaient plus pendant la période correspondante de 1914-1915 que de 5,184,242 francs. Cet abaissement se reliait aux causes mêmes qui avaient amené la diminution du commerce de la colonie et il était surtout la conséquence du trouble subi par la navigation.

Cette situation est heureusement en voie de s'améliorer. Durant les sept premiers mois de l'année 1916, on enregistre pour les recettes

1. *Journal officiel de l'A. O. F.*, 26 février 1916, p. 124.

douanières le chiffre de 9,736,000 francs, qui représente une plus-value de 2,871,000 francs sur les prévisions budgétaires et une augmentation de 3,281,000 francs sur les recouvrements effectués pendant la période correspondante de 1915. Ces chiffres dénotaient une très sensible reprise du commerce. Si nous prenons l'une des colonies à titre d'exemple, la Côte d'Ivoire, nous constatons que ses recettes douanières durant les six premiers mois de l'année 1916 ont été de 974,593 francs contre 584,669 pendant la période correspondante de 1915, ce qui représente une plus-value de 399,924 francs.

Un décret en date du 1er novembre 1916 [1] vient d'augmenter les droits à percevoir sur divers produits à l'entrée et à la sortie de l'Afrique Occidentale française afin de mieux assurer la stabilité de ses finances.

* * *

L'Afrique Occidentale française, vaste colonie d'une superficie de 3,913,000 kilomètres carrés et qui s'étend du Sahara au littoral du golfe de Guinée, présente sur cette immense étendue, des régions très différentes par leur nature physique, leur climat et leurs productions [2] : région subdésertique au nord, participant de la sécheresse du Sahara et présentant la végétation de la steppe; région soudanaise ou tropicale plus au sud, aux pluies abondantes, pays de brousse; région équatoriale, tout à fait au sud, le long de la côte de Guinée, aux pluies intenses, au climat pénible pour les Européens, pays de forêt dense. Cette diversité de caractères avait pu laisser entrevoir beaucoup de contrées comme devant être improductives; certes il s'en trouve, mais pendant longtemps on n'avait pas soupçonné quelle pouvait être la valeur de l'Afrique Occidentale française. Cette magnifique colonie est dans son ensemble un pays naturellement riche, chaque région ayant ses qualités propres, plus ou moins supérieures; mais avant tout, c'est un pays agricole. Pour connaître la véritable étendue de ses richesses, si longtemps ignorée, il a fallu la conquérir entièrement, la pénétrer à fond, l'étudier

1. *Journal officiel*, 7 novembre 1916, p. 9645.
2. On doit à de nombreux travaux scientifiques de M. Henry Hubert, administrateur des colonies, de précieuses connaissances sur la géologie, la géographie physique et la météorologie de l'Afrique Occidentale française.

scientifiquement. Si aujourd'hui la colonie est entrée dans une ère de prospérité que la guerre est venue troubler sans compromettre son avenir, on le doit à l'habile direction et aux efforts de ses administrateurs.

Les produits végétaux susceptibles d'être cultivés avec avantage dans l'Afrique Occidentale ont été l'objet d'études nombreuses et approfondies. Parmi les travaux scientifiques qui ont été publiés, il convient de mettre en première ligne ceux du savant botaniste et infatigable explorateur Auguste Chevalier. Ils offrent ce très grand mérite d'être des études de science appliquée et de fournir à la colonisation une source d'informations qu'il est indispensable de consulter sous peine de faire fausse route [1]. Parmi les ouvrages les plus récents, nous devons mentionner aussi comme un instrument précieux pour guider la colonisation un volume paru en pleine guerre sous la direction de M. le professeur Em. Perrot, avec la collaboration de botanistes de haute valeur, où sont condensées toutes les notions concernant la culture et le rendement de tous les grands produits végétaux et qui renseigne le colon sur les espèces végétales, sur les préférences à donner aux unes et aux autres, sur les meilleurs procédés d'exploitation [2]. Les travaux scientifiques ainsi compris sont la base fondamentale des progrès que l'agriculture peut réaliser dans une colonie et des mesures que doit prendre l'administration pour en assurer le développement.

L'agriculture devant fournir à l'Afrique Occidentale française sa plus forte richesse, nos gouverneurs se sont appliqués à lui donner les plus grands encouragements. Mais la colonie n'étant pas une colonie de peuplement, c'est l'indigène lui-même qu'il avait fallu former. Nous avons vu ce qui a été fait pour l'organisation dans les

---

1. Parmi les nombreux travaux de M. Aug. Chevalier, nous citerons la grande publication qu'il dirige et dont il est le principal rédacteur : *Les Végétaux utiles de l'Afrique tropicale française. Études scientifiques et économiques* (Paris, A. Challamel, 8 fascicules, 1905-1913). Parmi les principaux collaborateurs figure M. le professeur Perrot.

2. *Les Grands Produits végétaux des colonies françaises. État actuel, avenir.* Ouvrage édité par les soins du Commissariat des colonies françaises à l'Exposition internationale du caoutchouc et des grands produits coloniaux, sous la direction de M. le professeur Perrot et avec la collaboration de MM. Adam, Capus, Fauchère, François, Gatin, Guillochon, Main, Vaquin, Vuillet (Paris, Em. Larose, 1915). — Voir aussi : G. François et J. Vuillet, *Les Grands Produits d'origine végétale en Afrique Occidentale française* (*La Dépêche coloniale illustrée*, 30 juin 1914).

écoles d'un enseignement pratique de l'agriculture. Notons aussi que M. Ponty n'avait cessé d'appeler l'attention des autorités locales sur la nécessité d'orienter les indigènes vers des cultures nouvelles et variées, afin d'éviter les dangers de la monoculture.

L'un des principaux produits végétaux de la colonie, le caoutchouc, a précisément subi une baisse de prix considérable qui est la conséquence des mauvaises méthodes de récolte et de préparation. Il convenait dès lors, sans abandonner cette production, de la perfectionner, mais en même temps de détourner l'activité des indigènes vers d'autres produits de cueillette ou vers les cultures. C'est ce qui a été obtenu peu à peu, et aujourd'hui des compensations ont été trouvées dans des exploitations plus rémunératrices.

Parmi les textiles, la culture du coton a progressé dans la vallée du Niger, au Dahomey et à la Côte d'Ivoire [1], celle du kapok dans le Haut-Sénégal-Niger. Le chanvre de Guinée se cultive non seulement en Guinée, mais dans la vallée du Niger.

Le palmier à huile est la grande richesse du Dahomey et de la Côte d'Ivoire, l'arachide celle du Sénégal. Le cocotier est acclimaté dans la zone littorale de toutes les colonies côtières de l'Afrique Occidentale française, mais c'est surtout à la Côte d'Ivoire et au Dahomey qu'il est exploité pour l'exportation de ses produits.

Dans la région du Niger viennent les céréales, blé, orge, mil, maïs. Le blé est cultivé aussi dans certaines oasis de la Mauritanie. Ce sont les riverains du Niger qui, en Afrique Occidentale, ont donné aux plantations de riz la plus grande extension.

Le café est cultivé sur certains points du golfe de Guinée. Le cacaoyer a été acclimaté dans la Guinée française, à la Côte d'Ivoire et au Dahomey. Le kolatier, originaire d'Afrique comme le caféier, est surtout cultivé à la Côte d'Ivoire et au Dahomey, mais les noix de kola sont pour la plus grande part consommées par les Noirs.

Enfin, au nombre des produits d'origine végétale ayant en Afrique Occidentale la plus haute valeur, il faut citer les bois. La plus grande zone forestière de la colonie est celle de la Côte d'Ivoire qui passe pour mesurer environ 112,000 kilomètres carrés, et dont les

---

1. Consulter sur les richesses agricoles de la Côte d'Ivoire : Louis Le Barbier, *La Côte d'Ivoire. Agriculture, Commerce, Industrie, Questions économiques* (Paris, Émile Larose, 1916).

essences ont été inventoriées par M. Aug. Chevalier [1]. Ce sont là des réserves précieuses qui ont déjà appelé toute la sollicitude de l'administration et elle ne saurait trop s'appliquer à assurer, par toutes mesures nouvelles, l'exploitation rationnelle des arbres industriels et leur reproduction régulière.

En dehors de ces richesses d'origine végétale dont nous n'avons pu mentionner que quelques-unes des plus importantes, l'Afrique Occidentale française possède encore d'autres ressources, telles que l'élevage qui occupe les populations de vastes régions et qui est susceptible de recevoir encore plus d'extension. Les produits de la pêche, notamment sur la côte mauritanienne, sont entrés, à la suite des études de M. Gruvel, dans une voie rémunératrice.

Le nombre des substances minérales utiles connues est faible, bien que nous ayons aujourd'hui des connaissances géologiques portant sur presque toute l'Afrique Occidentale française; mais beaucoup de recherches sont restées localisées et n'ont pas été suivies d'études industrielles. Il est hors de doute que de nombreuses substances, roches ou minerais, pourront être utilisées par la suite. Le fer, qui est répandu un peu partout dans l'intérieur, et surtout dans les régions où notre pénétration est encore récente, a été autrefois une industrie prospère chez les indigènes. L'or est très abondant et il est exploité en Guinée, à la Côte d'Ivoire, dans le Haut-Sénégal-Niger, mais pas partout encore par les Européens [2].

Il ne suffisait pas, pour assurer la mise en valeur de la colonie, de développer la production agricole et l'exploitation de toutes ses ressources diverses, il fallait lui constituer l'outillage économique nécessaire pour ouvrir des voies commerciales et faciliter l'exportation; il fallait améliorer les ports et rivières, créer des chemins de fer. C'est à quoi se sont appliqués tous les gouverneurs qui se sont succédé en Afrique Occidentale.

M. le gouverneur général Roume avait tracé le programme d'un réseau de voies ferrées qui, en complétant les quelques lignes déjà existantes, devait assurer la pénétration dans les diverses colonies et

1. Aug. Chevalier, Les Bois de la Côte d'Ivoire (*Les Végétaux utiles de l'Afrique tropicale française*, fasc. V, 1909).
2. *Annuaire du Gouvernement général de l'Afrique Occidentale française*, 1913-1914, p. 88-98 (Le Sous-sol et le Régime minier de l'Afrique Occidentale).

en effectuer la jonction; deux emprunts, l'un de 65 et l'autre de 100 millions, avaient permis d'exécuter une partie de ces travaux. M. Ponty, poursuivant la réalisation du même plan, l'élargit encore, de façon à obtenir des jonctions nouvelles par l'extension donnée à certaines lignes. Après un premier emprunt de 14 millions, autorisé par la loi du 18 février 1910 pour le chemin de fer de Thiès à Kayes, M. Ponty en sollicita un second beaucoup plus important, que le Parlement porta lui-même de 150 millions, chiffre demandé, à 167 millions, et qui fut autorisé par la loi du 23 décembre 1913[1]. Le programme des travaux auxquels cet emprunt avait été affecté comprenait les chemins de fer, l'assainissement et l'assistance médicale indigène au Sénégal, l'amélioration des ports et fleuves.

Au point de vue des voies ferrées[2], le plan d'ensemble que l'on se proposait de réaliser consistait à créer un vaste faisceau de lignes partant des régions côtières de l'Afrique Occidentale française et convergeant vers le Soudan. Les voies ferrées, alors en exploitation, telles que le Dakar-Saint-Louis, la première partie du Thiès-Kayes, le chemin de fer de Kayes à Bamako et Koulikoro, le chemin de fer de Conakry à Kouroussa, le chemin de fer partant d'Abidjan vers le nord de la Côte d'Ivoire et le chemin de fer du Dahomey, étaient autant de tronçons de branches de ce faisceau; c'est à leur prolongement que le nouvel emprunt était presque entièrement destiné.

Parmi ces lignes, celle de Thiès à Kayes offrait un intérêt tout particulier en ce qu'elle devait constituer une grande voie commerciale reliant directement le Niger à notre grand port de Dakar[3]. A la veille de la guerre, le rail atteignait le kilomètre 396. Déjà, on avait pu constater la transformation qui s'était opérée le long de la ligne; ces contrées, qui n'étaient presque partout que des déserts arides, se couvrirent de cultures et devinrent des centres de trafic où les indigènes purent prendre contact avec l'Européen. De pareils faits avaient pu être observés jadis autour du Dakar-Saint-Louis et auprès du Kayes-Niger. La création de ces lignes nouvelles étaient donc autant d'instruments servant à la mise en valeur des régions traversées.

1. *Journal officiel*, 24 décembre 1913, p. 11019.
2. M. Salesses, Les Chemins de fer africains dans leur état actuel (*La Géographie*, 15 mai 1914, p. 335).
3. A. de Berques, Étude sur le chemin de fer de Thiès à Kayes (*La Dépêche coloniale illustrée*, 15 juin 1914).

En même temps que l'on complétait le réseau ferré, il fallait se préoccuper d'organiser les différents ports où les lignes venaient aboutir; c'est ce qui avait été prévu par les divers emprunts.

Tout d'abord, Dakar, grand port militaire et grand port de commerce, point d'aboutissement de la ligne partie de Kayes, était appelé à prendre une importance croissante[1]. Des travaux d'amélioration avaient déjà été effectués avant la guerre. Le port avait été pourvu d'un outillage moderne avec des bassins et un avant-port et son trafic s'éleva rapidement. La ville prit en même temps un grand développement, elle fut assainie et embellie, et le gouverneur général Ponty y avait beaucoup participé. Des rues furent ouvertes, des ravins comblés, des égouts construits; des travaux furent entrepris pour alimenter la ville en eau.

Les autres ports de la colonie furent aussi mis en meilleur état. Des appontements furent exécutés, au Sénégal, dans les ports de Saint-Louis, de Rufisque et de Kaolack, au nord de la Gambie anglaise[2]. L'emprunt de 167 millions visait aussi l'installation du port de Conakry, dans la Guinée, et la création d'un port à la Côte d'Ivoire. Les études seules ont été entreprises jusqu'ici; celles concernant la Côte d'Ivoire ont été confiées à une mission qu'a dirigée M. l'ingénieur Aron, et les résultats de cette mission ont été ensuite examinés sur place par M. l'ingénieur hydrographe en chef Renaud[3].

L'Afrique Occidentale française était donc tout à fait en excellente voie pour la constitution d'un magnifique outillage économique, lorsque la guerre éclata. La plupart des travaux en cours d'exécution et des études commencées furent interrompus, néanmoins tout travail ne fut pas arrêté, et de très heureuses déterminations furent prises pour continuer les plus urgents et ceux qui pouvaient avoir le plus d'influence sur la vie économique de la colonie[4]. C'est ainsi

1. Sur Dakar, voir notamment : Dr d'Anfreville de la Salle, *Notre vieux Sénégal* (Paris, Aug. Challamel, 1909); Claude Faure, *Histoire de la presqu'île du Cap-Vert et des origines de Dakar* (Paris, Ém. Larose, 1914); Lucien Marc-Schrader, Le port de Dakar (*Annales de Géographie*, t. XXII, 1913, p. 367-370).

2. Les nouveaux appontements du Sénégal (*La Dépêche coloniale illustrée*, 31 juillet 1914).

3. J. Renaud, Le port de la Côte d'Ivoire (*La Géographie*, 1916-1917, p. 1-30).

4. Ministère des Colonies. Rapport sur la situation des travaux effectués sur fonds d'emprunt de l'Afrique Occidentale française au 31 décembre 1915 (*Journal officiel de l'A. O. F.*, 16 septembre 1916, p. 604-611).

qu'une loi du 9 juillet 1915[1] a affecté certaines sommes des emprunts de 65 et 100 millions, fusionnés par la loi du 26 juillet 1912, aux dépenses d'assainissement à faire pour mettre Dakar et ses environs à l'abri des épidémies. Un décret du 8 août 1916[2] a ensuite consacré certaines disponibilités à l'achèvement d'une avenue de Dakar, l'avenue Gambetta, destinée à couper tout un quartier indigène de la ville, ce qui en même temps devait permettre de l'assainir. Enfin un décret du 11 octobre 1916[3] a autorisé l'exécution des travaux de terrassement et ouvrages d'art, ballastage et pose de voies du chemin de fer de Thiès à Kayes entre les kilomètres 445 et 510.

La création d'un outillage économique aussi bien compris avait eu nécessairement une répercussion immédiate sur le commerce de la colonie et il avait progressé avec une très grande rapidité. Nous allons voir quels chiffres il avait atteint au moment où a éclaté la guerre et dans quelle mesure il a été influencé par celle-ci.

Le commerce général de l'Afrique Occidentale française s'élevait en 1895 à 78,777,356 francs ; il atteignait en 1902, à l'arrivée de M. Roume, 130,910,784 francs. En 1910, il avait dépassé 275 millions de francs. L'ascension avait été aussi marquée pour les exportations que pour les importations, mais les premières étaient toujours restées inférieures aux secondes.

Un fléchissement avait eu lieu dans les années suivantes, et les chiffres du commerce général étaient descendus à 266,930,924 francs en 1911 et 253,349,213 francs en 1912[4]. La régression s'était produite dans le mouvement des importations et pouvait s'expliquer par la contraction des facultés d'achat que certaines populations avaient éprouvée à raison de la dépréciation du caoutchouc et, au Dahomey, par suite de l'insuffisance de production de l'huile de palme[5].

Il y eut un fort relèvement en 1913, le commerce général étant monté à 277,718,152 francs. Il portait à la fois sur les importations et les exportations, les premières étant passées de 134,781,982 francs à 151,574,300 et les secondes de 118,567,231 francs à 126,143,852.

<hr>

1. *Journal officiel de l'A. O. F.*, 8 août 1915, p. 547.
2. *Journal officiel*, 12 août 1916, p. 7336.
3. *Ibid.*, 15 octobre 1916, p. 9044.
4. Nous donnons ces chiffres et les suivants d'après les publications de l'Office colonial.
5. Gouvernement général de l'Afrique Occidentale française. *Rapport d'ensemble annuel, 1912*, page 32 (Paris, Émile Larose, 1913).

Survint la guerre en 1914; de suite une très forte baisse se fit sentir et le chiffre du commerce passa à 235,539,002 francs, dont 119,166,451 pour les importations et 116,372,551 pour les exportations.

En 1915, alors que l'on pouvait croire que la crise allait s'accentuer, il se produisit un revirement inattendu ; le chiffre du mouvement commercial s'éleva jusqu'à 243,107,870 francs, dont 126,701,711 pour les importations et 116,406,159 pour les exportations. C'était une plus-value de 7,568,868 francs.

Il est à remarquer que si le total des exportations était resté à peu près le même, le nombre de celles dirigées sur la France s'était beaucoup accru, étant de 66,392,393 francs au lieu de 54,568,414 l'année précédente, tandis que, par contre, les exportations vers les autres colonies françaises et l'étranger avaient énormément diminué. La raison en était dans la participation économique si importante que l'Afrique Occidentale française avait apportée à la France, dans les circonstances critiques qu'elle traversait. Celle-ci n'ayant plus ses sources de ravitaillement habituelles, avait fait appel à ses colonies afin de se procurer par elles tout ce que celles-ci pouvaient lui fournir d'utile, et cet appel avait été entendu. La France put ainsi, grâce à ses colonies, renouveler, dans une large mesure, certains de ses approvisionnements en vivres, matières premières et outillages de guerre. Les envois ne firent que s'accroître durant l'année 1916.

Parmi les productions essentielles de l'Afrique Occidentale française, qui furent mises largement à contribution par la colonie au profit de la métropole, on peut citer en première ligne les arachides du Sénégal et le coprah des côtes du golfe de Guinée; le caoutchouc de la Côte d'Ivoire et de la Guinée; des bois de la Côte d'Ivoire; le coton, si nécessaire pour la fabrication des poudres; enfin le bétail des savanes soudanaises, dont plus de 50,000 têtes, dit M. Albert Lebrun[1], ont été soit transportées dans la métropole sur pied, soit abattues sur place et transformées en viande frigorifiée.

Jetons maintenant un rapide coup d'œil sur le commerce de chaque colonie du groupe en particulier.

Le mouvement du commerce général du Sénégal, qui avait été de 161,008,620 francs en 1913, avait très peu baissé en 1914

---

1. Albert Lebrun, *L'Effort colonial français.*

(160,516,041 francs), puis était descendu en 1915 à 152,060,021 francs, ce qui représentait une diminution de 8,456,020 francs sur l'année précédente, mais une plus-value de 7,982,019 francs sur la moyenne quinquennale 1910-1914.

Les importations avaient été de 71,265,220 francs en 1915, inférieures de 8,803,433 francs à celles de l'année précédente. Les exportations avaient été de 80,794,801 francs, en augmentation de 347,413 francs sur l'année précédente et en plus-value de 15,386,475 francs sur la moyenne quinquennale.

La part de la France dans ce mouvement commercial a été en 1915, de 82,425,837 francs, dont 33,132,881 à l'importation et 49,292,956 à l'exportation. Tandis que les importations avaient diminué de 9,092,134 francs, les exportations avaient augmenté de 8,041,594 francs, ce qui montre l'importance des fournitures faites à la France.

Durant le 1ᵉʳ trimestre 1916, le mouvement du commerce général du Sénégal a atteint le total de 50,635,129 francs, ce qui indique un progrès manifeste, et la part de la France a été de plus de la moitié. Ce sont les arachides qui tiennent la tête des produits exportés durant ce trimestre; il y en a eu pour plus de 12 millions de francs. Le chiffre total du commerce pendant le 2ᵉ trimestre 1916, a été de 46,044,399 francs, de telle sorte que l'on peut espérer une plus-value pour l'année entière.

Le commerce général de la Guinée française, qui avait été de 36,057,964 francs en 1913, et de 20,641,198 en 1914, est remonté en 1915 à 25,929,779 francs, gagnant ainsi un peu plus de 5 millions sur l'année précédente. Cette augmentation a porté sur les exportations qui à elles seules, ont fourni 4,837,455 francs de plus qu'en 1914. Les exportations vers la France ont augmenté de 3,811,792 francs.

Durant le 1ᵉʳ trimestre 1916, un notable progrès peut être enregistré également pour la Guinée, le chiffre du commerce ayant déjà été de 9,165,924 francs, et la part de la France dans les exportations de 2,289,991 francs. La colonie a expédié dans ce trimestre pour plus de 3 millions de francs de caoutchouc. Le mouvement du commerce général de la Guinée a atteint, pendant le 2ᵉ trimestre 1916, le total de 8,905,687 francs, ce qui laisse prévoir une forte plus-value annuelle.

Le commerce général de la Côte d'Ivoire a subi une très forte baisse, étant passé de 34,556,314 francs en 1913 à 14,340,763 francs en 1915. Les exportations ont été beaucoup moins atteintes que les importations. Alors que les importations de 1915 étaient inférieures de 4,223,904 francs à celles de 1914, les exportations ne s'étaient abaissées que de 1,386,023 francs.

C'est le manque de vapeurs seul qui a joué un rôle dans la diminution des exportations de la Côte d'Ivoire, la production n'ayant presque pas changé et même ayant été intensifiée pour certains produits du cru. Quelques-uns d'entre eux entrent dans l'exportation, en 1915, pour une part plus forte qu'en 1914; tels sont l'huile de palme, le caoutchouc, les kolas, les palmistes, le cacao, le coton. Pour les besoins de la défense nationale, la colonie a continué à fournir des bois, des grains, du coton.

Durant les six premiers mois de 1916, on a pu enregistrer des progrès sensibles sur les exportations de la Côte d'Ivoire. Nous nous bornerons à citer, comme étant les exemples les plus frappants, le coton dont on a exporté 104,916 kilogrammes contre 19,682 durant la période correspondante de 1915; le caoutchouc dont l'exportation a été de 228,799 kilogrammes contre 66,305; les cuirs et peaux, 58,424 contre 22,404. Ces importantes augmentations doivent être attribuées à l'excellente politique économique que n'a cessé de poursuivre depuis plusieurs années le gouverneur de la colonie, M. Angoulvant. Aussi a-t-il pu très justement, au moment où il se rendait à Dakar pour assurer l'intérim du gouverneur général, en juin 1916, donner sur l'état actuel de la Côte d'Ivoire et sur son avenir des précisions très rassurantes[1].

Le mouvement commercial du Dahomey a baissé de 31,629,877 francs en 1913 à 23,795,542 francs en 1915; mais, tandis que les importations avaient diminué par rapport à 1914, les exportations étaient en augmentation de 211,429 francs. La part de la France dans ce mouvement avait été de 8,891,629 francs, dont 1,373,633 à l'importation et 7,517,996 à l'exportation; ce dernier chiffre représentait plus de la moitié du total des exportations. Durant le 1ᵉʳ trimestre 1916, il y a eu un progrès marqué du mouvement commercial qui

---

1. *La Dépêche coloniale*, 1ᵉʳ juillet 1916.

a atteint au total 7,686,794 francs. Ce sont les amandes et l'huile
de palme qui fournissent de beaucoup les chiffres les plus élevés.

Dans le Haut-Sénégal-Niger[1], le commerce général est tombé de
14,465,377 francs en 1913 à 6,385,875 francs en 1915. Le premier
rang dans ses relations commerciales appartient toujours à la
France pour une somme de 3,901,686 francs, dont 2,452,954 francs
à l'importation et 1,448,732 à l'exportation. Une augmentation des
sorties est à noter pour certains produits, laines, cire, gomme,
kapok, sisal. Le chiffre obtenu pendant le 1er trimestre 1916 semble
annoncer un nouveau recul, car il est de 773,628 francs seulement.

Le commerce général du Territoire militaire du Niger a atteint
1,077,758 francs pendant le 4e trimestre 1915 et 644,109 francs seulement pendant le 1er trimestre 1916. Les plus forts produits
d'exportation sont le sel indigène, le natron et le mil.

En résumé, la vie économique de l'Afrique Occidentale française
a souffert des conditions défavorables dans lesquelles elle s'est fatalement trouvée, mais elle a souffert moins que ne paraîtraient le
révéler les chiffres généraux. Son activité a été arrêtée par des
obstacles qui disparaîtront dès la fin des hostilités et son énergie
vitale n'a nullement été atteinte. Sa puissance productrice n'a cessé
de se manifester, car il est même des produits qui ont été améliorés
et qui ont donné un rendement plus grand. La rentrée des impôts
s'est faite normalement, et l'équilibre financier de la colonie a pu
être assuré. Déjà, au début de 1916, notre possession africaine a
commencé à réagir contre les difficultés du début; le chiffre du
commerce s'est relevé et les recettes douanières ont augmenté.

Ce qu'il nous faut aujourd'hui, c'est encourager une production
plus active encore de toutes les matières dont la France se trouve
avoir un besoin urgent, coton, caoutchouc, denrées diverses; c'est
assurer la bonne exploitation du bois et son exportation en France;
c'est fournir à la métropole la pâte à papier qui fait tant défaut à
ses usines, et que l'on peut tirer de nombreuses plantes coloniales[2].

Ce qu'il faut aussi, c'est encourager nos commerçants, et particu-

----

1. Haut-Sénégal-Niger. Le mouvement du commerce de la colonie pendant
l'année 1915 (*Bulletin de l'Office colonial*, août-septembre 1916, p. 303-307).

2. Voir : L.-G. Numile, Faute de papier, la guerre doit finir (*Le Courrier colonial*, 7 avril 1916); G. Bertrand, Une nouvelle industrie coloniale (*Le Courrier
colonial*, 2) octobre 1916); *ibid.*, 10 novembre 1916.

lièrement ceux de l'Afrique Occidentale, à venir organiser des établissements au Togo, pour y faire naître un mouvement commercial français, cette ancienne colonie allemande étant tombée dans les mains de la France et de l'Angleterre qui l'ont conquise[1].

Ce qu'il importera enfin de réaliser sans retard, une fois les hostilités terminées, ce sera l'achèvement du programme de travaux publics qui était en bonne voie d'exécution lorsque la guerre a éclaté et qui s'impose pour assurer à l'Afrique Occidentale française toute la puissance économique et la prospérité que ses richesses naturelles lui destinent[2].

GUSTAVE REGELSPERGER.

1. Voir : Maurice Raoult, La conquête économique du Togo (*Le Courrier colonial*, 11 août 1916).

2. Pendant l'impression de cette étude, a paru, à la date du 15 novembre 1916 (*J. Off.* du 18 novembre, p. 9 920), un décret rétablissant le secrétariat général du gouvernement général de l'Afrique Occidentale française, qui avait été supprimé, ainsi que nous l'avons dit, par le décret du 22 juillet 1909. Si cette précédente mesure avait présenté une réelle opportunité au moment où elle avait été prise, on avait néanmoins reconnu depuis, que la suppression de cette fonction pouvait entraîner certains inconvénients, notamment la difficulté d'assurer l'intérim du gouverneur général en cas de décès, d'absence ou de départ de celui-ci. Ce rétablissement d'ailleurs n'exclut pas le maintien de la direction des finances et de la comptabilité, la coexistence de ces deux organes assurant, en Afrique Occidentale, la séparation nécessaire entre les hautes fonctions administratives et financières.